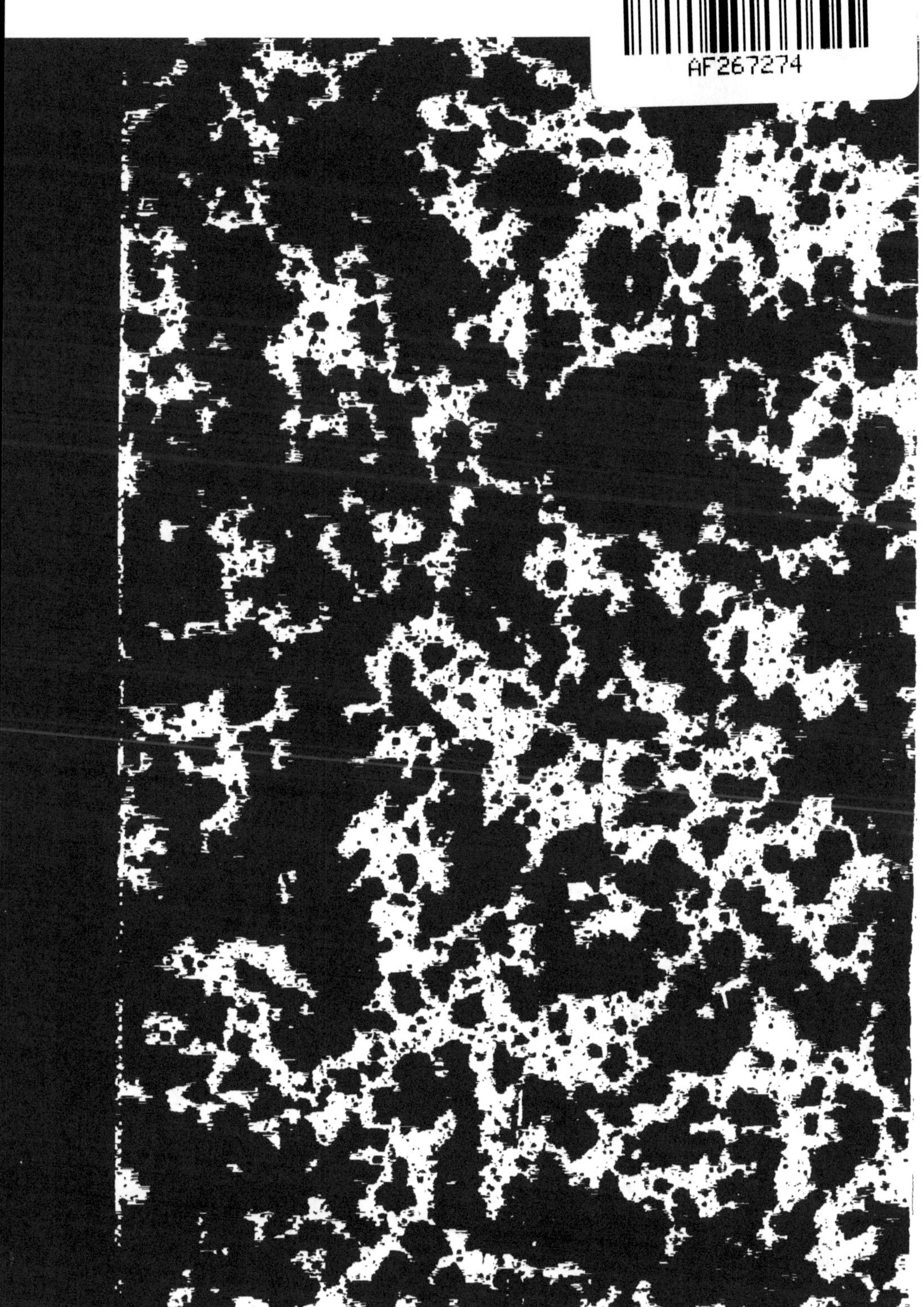

DES
INTÉRÊTS

DE LA
RÉPUBLIQUE FRANÇAISE,

CONSIDÉRÉS RÉLATIVEMENT AUX

OLYGARCHIES HELVÉTIQUES,

Et à l'établissement d'une RÉPUBLIQUE IN-
DÉPENDANTE *dans la Suisse française.*

Par le Colonel Frédéric-César LAHARPE.

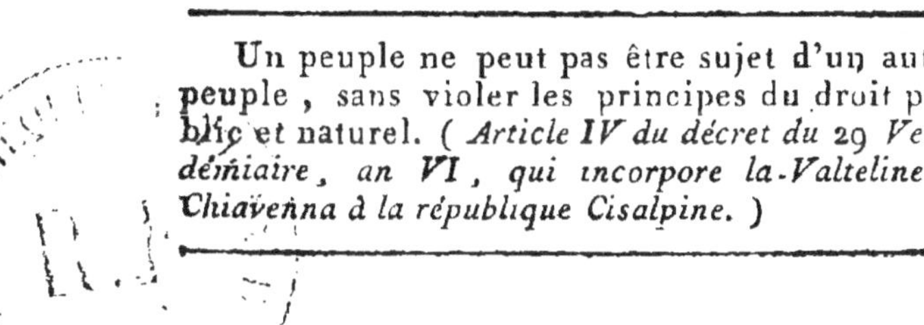

Un peuple ne peut pas être sujet d'un autre
peuple, sans violer les principes du droit public et naturel. (*Article IV du décret du 29 Ven-
démiaire, an VI, qui incorpore la-Valteline et
Chiavenna à la république Cisalpine.*)

A PARIS,

Chez BATILLIOT frères, Imprimeurs-Libraires,
rue du Foin Saint-Jacques, N°. 11.

L'AN VI DE LA RÉP. (1797).

AVERTISSEMENT.

LE Congrès de Rastadt devant procurer à l'Europe une longue paix, en opérant des changemens qui influeront d'une manière durable sur la politique de ses gouvernans, et sur le bonheur des peuples confiés à leurs soins, c'étoit le moment de faire entendre les réclamations d'une peuplade Suisse, qui, liée à la République française par d'anciens traités, tient encore à elle par la conformité *des religions et des langues, la nature des localités, des communications et du commerce* (*).

Si le pays de Vaud put jamais espérer de recouvrer son ancienne liberté, sous la forme d'une République indépendante, *c'est dans les conjonctures présentes. C'est pour montrer que cette mesure est tout à la fois juste, légale, conforme aux intérêts des deux peuples, et de facile exécution, que je prends la plume aujourd'hui.*

(*) Article VI du décret qui prononce la réunion de la Valteline à la République Cisalpine.

A MES

CONCITOYENS DES CANTONS

DE

BERNE ET DE FRIBOURG.

L'ÉPOQUE de la paix générale étoit le moment si long-temps attendu, où vos fers devoient être brisés. Délivrés de ces baillis et de ces patriciens qui vous avoient soumis au joug olygarchique, dépouillés de vos droits politiques, vendus enfin au ministère de Versailles, vous alliez recouvrer vos États, redevenir un peuple libre ; et, protégés par *la grande nation*, le pays de Vaud pouvoit aspirer à devenir *république indépendante*.

Vos patriciens ont connu le danger. Presqu'au moment de voir leur sceptre de fer, se briser dans leurs mains, ils ont mis leur espoir en de nouvelles ruses, et, si vous n'y prenez garde, vous serez trompés, comme vous le fûtes en 1792.

Intimement convaincus qu'après en avoir

A 3

appelé inutilement à eux , pour recouvrer vos privilèges , vous êtes autorisés à réclamer la protection de la république française , que les traités ont constituée garante de vos droits , ils travaillent à vous inspirer contre elle la défiance la plus injuste , afin que n'osant en appeler à elle , vous ne puissiez obtenir la même justice qu'elle a rendue aux ilotes de *Chiavenna* et de *la Valteline*.

« Gardez-vous , répètent les émissaires de vos patriciens , gardez-vous de la grande république , qui ne cherche qu'un prétexte pour envahir ce qui la touche. Depuis long-temps elle convoite le pays de Vaud : malheur à vous , si elle l'incorporoit à son territoire ! Bientôt les réquisitions , les impôts , les extorsions de tout genre , auroient épuisé vos fortunes. Tel est le sort que vous préparent ceux de vos concitoyens qui vous engagent à solliciter les bons offices d'un garant étranger.—Le seul moyen d'échapper à ces malheurs , est de vous attacher plus que jamais à nous. Oubliez le passé ; nous réparerons nos torts ; nous ferons droit à vos pétitions :

ne sommes-nous pas vos pères et vos frères, enfans d'une même famille ? »

Hommes crédules ! et vous ajoutez foi à de pareils discours ! Et après une si longue expérience, vous tombez encore dans les pièges qu'on tend à votre simplicité ! Ouvrez les yeux, aveugles que vous êtes ; portez vos regards sur la conduite passée de ces hommes qui osent se dire vos frères ; jugez-les d'après les faits, et profitez de l'occasion qui s'offre, et qui dans peu n'existera plus, pour recouvrer votre liberté.

L'imputation calomnieuse de l'incorporation du pays de Vaud au territoire français, n'est-elle pas la même que les juges révolutionnaires *Haller*, *Fischer*, *Tscharner* et *Frisching*, firent en 1791 et 1792 à vos infortunés concitoyens, et dont ces juges n'osèrent jamais administrer les preuves ? Ils la réchauffent aujourd'hui, pour vous indisposer contre ces proscrits, auxquels vous devrez peut-être votre délivrance, tandis que leurs collègues à Paris, soigneusement masqués en démocrates, et protestant de leur

A 4

amour pour la liberté et l'égalité, affectent une confiance sans bornes dans la magnanimité de la république française, qu'ils conspuoient il y a deux mois. Oui, sans doute, elle mérite confiance, cette république; et si les conjonctures lui permettent d'exercer sa garantie, le pays de Vaud ne deviendra point, malgré vous, *département français*, comme l'assurent ses ennemis et les vôtres; *il acquerra la liberté et l'indépendance.*

Qui sont, d'ailleurs, les émissaires chargés de répandre parmi vous ces insinuations calomnieuses? Ce sont des gentilshommes tremblans pour leurs créneaux, leurs parchemins, leurs girouettes et lenrs livrées, et ne connoissant rien au-dessus de la chasse et du blason. Ce sont des propriétaires de seigneuries, qu'allarme la suppression possible des juridictions particulières, et la faculté de racheter *de gré à gré* leurs droits féodaux. Ce sont tous ces bourgeois vaniteux, qui ont acquis des fiefs pour cacher leurs noms paternels, et qu'effraye le titre de *citoyen*. Ce sont ces bourgmestres, ces bannerets, ces conseillers des grandes communes, qui, accoutumés à singer les avoyers et les sénateurs des capitales, abhorrent des élections populaires qui les feroient rentrer dans la classe des *simples citoyens*. Ce sont ces *châtelains*, ces *juges*, ces *receveurs*, ces *curiaux*, qui redoutent toute réforme tendante à diminuer leurs émolumens. Ce sont les petits patriciens des villes et des campagnes, qui dédaignent le laboureur et le vigneron : aristocrates sans puissance et sans ressources, et dont la vanité est le seul patrimoine. Ce sont les curés catholiques, qu'un faux zèle entraîne, et les pasteurs réformés, qui craignent la réduction de leurs salaires. Ce sont les hommes qui espèrent être agrégés au patriciat, et auxquels leurs patrons promettent dès à-présent leurs suffrages, pourvu qu'ils sacrifient les intérêts de leur patrie.

Tels sont, concitoyens, les hommes qui circonviennent les conseils de vos communes, dans un moment où ils devroient combiner leurs pétitions.

Les patriciens, dites-vous, promettent de

réformer les abus.—Le promettoient-ils avant le 18 fructidor ? Non sans doute, puisqu'en publiant le 15 juin 1797 le décret d'amnistie extorqué par la France, ils ont persévéré à à se montrer injustes et barbares envers vos défenseurs ; puisqu'il n'a fallu rien moins que les démarches faites au nom des enfans du général Laharpe, pour les décider à réhabiliter sa mémoire, qu'ils avoient eu la lâcheté de calomnier, même après sa mort. Ils vous avoient aussi promis en 1790 de faire droit à vos pétitions ; ils vous avoient même député le trésorier *Muralt* et plusieurs membres du Deux-Cent, sous le prétexte d'écouter vos plaintes : ils disoient alors que le moment de vous rendre justice étoit venu. Que sont devenues les innombrables pétitions remises à ces députés ? Ont-ils fait droit à une seule d'entr'elles ? Existe-t-il un seul décret, qui ait abrogé ces abus sans nombre dont vous sentiez si bien le poids à cette époque, et dont les preuves se trouvent dans la première partie de l'*Essai sur la constitution du pays de Vaud ?*

Hommes débonnaires ! si vos pétitions

furent oubliées , c'est que dès le commencement de l'année 1791 la contre-révolution s'organisoit en France ; c'est que les patriciens espéroient que son succès les dispenseroit de vous rendre justice ; c'est qu'après avoir promis leur assistance aux ennemis de la liberté française , ils comptoient en retour sur la leur , pour affermir leur despotisme et rendre vos chaînes éternelles. Tant que ces patriciens conservèrent le même espoir , leur conduite fut la même; et sans le 18 fructidor , elle n'auroit point changé.

Admettons néanmoins , pour un moment , la sincérité de cette prompte conversion. Sans doute , ces patriciens auront désigné l'époque à laquelle ils s'occuperont de vos griefs ; et sans doute , vous serez plus heureux que ce peuple anglais , auquel ses ministres promettent , tour-à-tour , une réforme parlementaire , qu'ils sont bien décidés à n'accorder jamais? Quoi! on ne vous a fixé aucun terme ! Vous ignorez si ce sera dans un mois, dans un an , dans un siècle, qu'on s'occupera à vous tenir une parole donnée d'une manière si solennelle., crue avec tant de bonhomie, et jusqu'ici toujours impunément violée ! Vous a-t-on consultés sur les réformes ? Connoissez-vous ceux qui vont s'en occuper, et ne serez-vous pas appelés à nommer des délégués, pour travailler de concert avec eux ? Pas davantage. Les patriciens auront la complaisance de se charger exclusivement de cette besogne, en vertu de ce principe d'une évidence reconnue, qu'aux usurpateurs seuls appartient le droit de se réformer eux-mêmes.

On vous a du moins communiqué les bases de ces réformes ? La séparation des deux castes sera-t-elle prononcée ? Recouvrerez-vous vos Etats ? Vos baillis seront-ils congédiés ? La dilapidation de vos biens aura-t-elle un terme ? Serez-vous admissibles aux charges publiques, ou traités en étrangers ? L'arbitraire sera-t-il banni de vos cours de justice ? Les bourgeois de Berne et les citoyens du pays de Vaud, seront-ils vraiment égaux et frères ? Vous gardez le silence. Ah ! je comprends : on vous prépare une régénération qui éternise le régime olygarchique. On rem-

placera les familles patriciennes qui s'étein-
dront par des familles de la caste sujette,
dont les chefs auront sacrifié les intérêts de
leur patrie : on trouvera d'autres *Pillichody*,
d'autres *Rusillon*, d'autres *Cerjat*.

Citoyens honnêtes du pays de Vaud!
gardez - vous de donner dans ce piége. Si
le régime affreux de l'olygarchie devoit être
conservé, empéchez du moins la caste patri-
cienne de se recruter parmi vous, si vous
ne voulez pas voir, siéger parmi vos maîtres,
le rebut de la nation.

Mais ce n'est point de perpétuer le régime
olygarchique dont il peut être question aujourd'hui. Condamné par les principes, et
par votre ancienne constitution, il doit faire
place au régime de la liberté et de l'égalité,
sous lequel seul, vous pouvez aspirer à la
qualité de *citoyens*.

Ilotes du pays de Vaud ! si le bruit du ca-
non, qui annonça en octobre 1791, l'amende
honorable, à laquelle vos magistrats furent

condamnés par d'insolens patriciens , reten-
tit encore au fond de vos cœurs : si vous
êtes sensibles à la dégradation de votre caste,
votre choix ne peut être douteux : vous de-
manderez d'une commune voix la garantie
de la *grande nation*, qui peut seule vous
rétablir dans la jouissance de vos droits,
et votre postérité reconnoissante bénira les
fondateurs de la *république Vaudoise*.

L A H A R P E.

Paris, le premier frimaire an VIe.

DES INTÉRÊTS

DE LA

RÉPUBLIQUE FRANÇAISE,

Considérés relativement aux olygarchies helvétiques, et à l'établissement d'une république indépendante dans la Suisse française.

LA conspiration si heureusement déjouée le 18 fructidor, avoit jeté en Suisse une racine principale, sur-tout dans la partie française qui dépend de l'évêque de Bâle et des républiques de Berne, de Fribourg et du Vallais.

Les faits publiés en messidor, dans la brochure intitulée : *de la neutralité des gouvernans de la Suisse depuis* 1789, prouvent que les patriciens de ce pays avoient pris une part très-active aux machinations des conspirateurs, et le gouvernement français a, sans doute, sur cette complicité, des données qui ne peuvent la rendre problématique.

De ces faits résultent trois vérités : la première, que le gouvernement français ne peut mettre sa confiance dans les patriciens de la Suisse, tant que le *régime oly-*

garchique subsistera dans ce pays (1); la seconde, qu'il est dû à ce gouvernement une satisfaction, en réparation des trames ourdies contre lui par ces patriciens; la troisième, que le moment actuel est le plus favorable pour obtenir cette satisfaction, et substituer au régime actuel un ordre de choses, qui rassure la France contre des entreprises pareilles à celles qu'elle a si heureusement déjouées.

Privés subitement des protecteurs puissans qui avoient si constamment pallié leurs torts, les patriciens de la Suisse ont tremblé, en apprenant la punition de ces *amis de la France extérieure*, qui leur avoient promis l'impunité, et qui leur tenoient un si grand compte de leurs bons offices. La république française se laisseroit-elle donc encore endormir par les protestations de ces faux amis, lorsqu'en publiant leurs trahisons, elle peut, sans effort, leur ôter les moyens de récidiver, en détruisant le *régime olygarchique*, et appelant à la liberté son seul allié véritable, le peuple de la Suisse?

Les avantages de cette mesure ne sont point équivoques.

Une fois détruite à la porte de la France, l'olygarchie ne fournira plus, ni type, ni argumens à ceux qui regrettent le système des castes privilégiées.

Les patriciens de la Suisse sont persuadés que, si

____

(1) Voyez les détails dans l'*Essai sur la constitution du pays de Vaud*, partie I, propositions V, VI, VII, VIII et IX.

le *systéme représentatif* établi en France se consolide,
le régime olygarchique ne peut durer long-temps ; or ce
régime procurant aux familles patriciennes , exclusivement , le pouvoir et les richesses, elles ne renonceront
jamais à leurs liaisons avec les privilégiés du reste de
l'Europe , dont les intérêts sont confondus avec les
leurs. Prétendre de ces patriciens qu'ils deviennent les
amis fidelles de la France républicaine , seroit exiger
d'eux d'abjurer sans dédommagemens , leurs plus chers
intérêts et leurs justes frayeurs , lorsque le soin de leur
conservation leur commande impérieusement de ne rien
négliger pour seconder les mesures opposées à l'affermis-
sement de la république française. Le pis qui puisse
leur arriver , est la perte de leurs prérogatives qui est
déjà inévitable , si cette république subsiste (2).

---

(2) *Les gouvernans de la Suisse* , observe un homme d'état
qui connoît à fond leur politique , *renonceront d quelques re-*
venus , aboliront quelques corvées , adouciront les amendes ;
recommanderont d leurs agens , douceur et manières conciliantes ,
créeront de temps en temps quelques familles patriciennes..... ;
mais ils n'iront pas plus loin , et conserveront des sujets , aussi
long-temps que possible.

Les quinze seizièmes de ces familles trouvent trop flatteur
de pouvoir se dire : « Nous sommes plus que la plus haute
» noblesse des plus grandes monarchies, car tout leur pou-
» voir ne tient qu'à un clin d'œil du monarque : nous sommes
» plus que les gouvernans de la grande république, car leur
» autorité est divisée et éphémère : nous sommes plus que la
» chambre haute de l'Angleterre , car elle ne possède

B

La caste des ilotes (c'est-à-dire le peuple) étant appelée à la liberté, dont elle ne connoît encore que le nom , sera mue par un intérêt entièrement opposé , et qui l'attachera nécessairement à ceux dont elle tiendra ce bienfait. Les individus de cette caste, qu'une réforme constitutionnelle aura placés au gouvernail, sachant que leur perte sera infaillible, s'il survenoit une contre-révolution , s'empresseront au contraire à faire cause commune avec les républicains français, et veilleront à ce que la Suisse soit purgée de ces conspirateurs qui y avoient établi leurs bureaux d'agence, et qui les remettront bien vite en activité , sous la protection de leurs bons amis les patriciens , si le gouvernement français ne se hâte pas de prendre des mesures vigoureuses , pour empêcher ce scandale.

La frontière française, enfin, sera gardée depuis Bâle jusqu'au *fort de la Cluse* (département de l'*Ain*) sans qu'il en coûte un sol à la France, par un peuple éminem-

---

» qu'un tiers du pouvoir législatif , et nous le possédons en-
» tier , avec tout le pouvoir exécutif et tout le pouvoir judi-
» ciaire. Notre domination , il est vrai, ne s'étend pas loin ,
» mais la souveraineté ne se mesure pas à l'aune ; mais on ne
» laisse pas de nous faire la cour ; mais nous pouvons assez
» nuire pour mériter d'être ménagés ; mais nous n'avons be-
» soin , ni de marine , ni d'armées , ni d'autres établissemens
» coûteux : mais enfin nous savons tirer un assez bon parti de
» notre domaine , pour avoir lieu d'être satisfaits. » C'est-là
assurément un tableau de main de maître.

ment intéressé à en défendre les approches, et dont les bataillons lui tiendront lieu d'avant-garde.

L'influence que le gouvernement français se procurera en Suisse, en *détruisant le régime olygarchique*, est la seule satisfaction qu'il doit chercher. Sa magnanimité et la politique lui commandent de s'en tenir là, à une époque où ses ennemis répandent avec malice le bruit de la résurrection de la propagande.

Les habitans de la Suisse allemande, qui constituent les trois-quarts de la population, tiennent avec tant de ténacité à leur langage, à leurs habitudes et à leurs mœurs antiques, qu'il faudroit des siècles pour les amalgamer avec les français (3).

Il en est autrement des habitans de la Suisse française. Rapprochés des français leurs voisins, par le langage, par les mœurs et par le souvenir confus de l'ancienne union des deux peuples, ils souffrent avec impatience d'être asservis par leurs compatriotes allemands ; et il n'est pas douteux qu'ils saisiroient avec transport l'occasion de briser le sceptre de ces derniers, et de regagner leur indé-

---

(3) Ils redoutent, d'ailleurs, tout ce qui pourroit diminuer le nombre de leurs écus, et ils préfèrent aujourd'hui la tranquillité de l'esclavage avec ces derniers, à des réformes qui les appauvriroient momentanément, en les rendant à la liberté. Tel est le fruit d'une longue servitude, chez des hommes que des mœurs pures et des qualités solides rendroient si dignes de devenir *citoyens libres.*

pendance (4), s'ils pouvoient y parvenir, sans courir de trop grands hasards.

Heureusement, le gouvernement français a des titres incontestables, pour obtenir dans cette partie de la Suisse une influence convenable à ses intérêts. Passons en revue les petits pays dont il s'agit ici.

DU BAS-VALLAIS.

DÉTACHÉ jadis de la Savoye avec violence, par les démocrates du *Haut-Vallais*, qui en sont souverains, ce district doit être réuni de nouveau au *département du Mont-blanc*, tant en vertu des droits que la république tient du duc de Savoye, qu'à titre de satisfaction due au gouvernement français, pour la double trahison commise en 1793 par les patriciens du *Haut-Vallais* (5).

Les avantages de cette réunion sont manifestes. Elle complétera les limites du département du *Mont-blanc*, qui sera désormais borné au nord, par le lac de Genève et par la rive gauche du Rhône, et mettra entre les

––––––––––

(4) La crainte de tomber entre les mains de *l'inquisition d'Etat*, empêche le peuple de manifester ses sentimens.

(5) Voyez dans la brochure mentionnée, pages 48 et suivantes, les détails de cette horrible perfidie, qui devoit entraîner la perte de l'armée des Alpes, et celle de tout le midi de la France.

mains de la France l'une des principales portes de l'Italie, en la rendant maîtresse des *défilés du grand Saint-Bernard.* Les *bas-vallaisans* désirent avec ardeur cette réunion, et se verront avec joie soustraits à la tyrannie de leurs maîtres actuels.

Des dépendances du ci-devant Evêché de Bale.

Elles consistent dans les petits territoires de *la Neuville* et de l'abbaye de *Belleley*, dans la seigneurie d'*Orvain*, la montagne de *Diesse*, et les belles vallées de *Motiers-Granval* et de l'*Erguel* (le val St.-Imier), dont les habitans jouissoient de grands privilèges, et étoient intimement liés avec quelques états de la confédération helvétique, sans cesser d'être sujets de l'évêque, prince de l'empire, membre du *cercle du Haut-Rhin* (6).

Nul d'entre ces districts n'ayant fait partie du *terri-*

---

(6) L'abbaye de *Bellelay*, de l'ordre des Prémontrés, faisoit partie du territoire de l'Evêché, quoique l'abbé et ses moines fussent combourgeois de *Soleure* et de *Bienne*.

L'évêque étoit lié avec plusieurs membres de la confédération helvétique, sans en être membre lui-même.

Ses sujets de *la Neuville*, de *Motiers* et de l'*Erguel* étoient dans un cas pareil. Il est si peu vrai qu'ils fussent *Suisses*, qu'ils étoient soumis à la juridiction de la *Chambre impériale de Vetzlar*.

toire de la confédération helvétique, il étoit naturel
que les français les occupassent, puisqu'ils étoient en
guerre avec l'évêque ; mais le gouvernement, trompé
par des *agens suisses* (7) qui craignoient de voir les
français fixés assez près de Berne, de Bienne et de
Soleure, pour neutraliser la malveillance des patriciens, s'abstint alors d'incorporer au département du
Mont-terrible, les districts ci-dessus. Cette omission
seroit-elle donc irréparable ? Quoique peu étendus,
ces petits pays ont l'avantage de couvrir les avenues du
département du *Mont-terrible* et du *Doubs*, d'assurer
la frontière française, et de faciliter les communications avec les lacs et les rivières navigables de la
Suisse.

Du reste, le gouvernement atteindroit le même but,
en formant de ces districts une république unique, sous
sa protection, et mettant un terme à l'influence que
les patriciens de Berne, de Soleure et de Bienne y
ont exercée jusqu'ici, *et dans l'exercice de laquelle
ils voudroient se perpétuer* (8).

———————————

(7) Ces agens étoient des *patriciens*, principalement de
Berne, qui affectoient à Paris les principes de la démo-
cratie la plus pure. Le moyen de ne pas croire à la sincérité
de Suisses faisant les *apôtres de la liberté* !

(8) Leurs dernières missions à Paris n'ont pas eu d'autre
but. *Bienne* desireroit obtenir l'*Erguël*, dont les habitans

Du pays de *VAUD*.

Son territoire s'avance entre les départemens du *Jura*, de l'*Ain* et du *Mont-blanc*, sous la forme d'un triangle, dont le lac de Genève et le Rhône représentent la base. La *Sarine*, qui passe à Fribourg et se jette dans l'*Aar*, trace à-peu-près sa limite du côté de la Suisse allemande, et la chaîne du mont Jura le sépare, en grande partie, du département de ce nom.

Il jouit de climats très-variés et d'un sol généralement fertile, qu'arrosent d'innombrables ruisseaux et de petites rivières, dont on n'a pas encore tiré parti, pour favoriser la navigation intérieure. Sa population est probablement de de 150,000 à 180,000 habitans, dont le tiers est catholique.

Depuis l'année 1536, ce démembrement précieux de l'empire franc dépend des olygarchies de Berne et de Fribourg, qui en prirent possession à cette époque, en vertu du *traité de Saint-Julien*, conclu entr'eux et *le duc de Savoye Charles III*, le 18 octobre 1530.

---

suivent déjà sa bannière. *Berne* exerce presque tous les droits de la souveraineté dans le *val de Motiers*, par l'entremise du gouvernement aristocratique provisoire qu'elle y a établi. Cette ambitieuse olygarchie ne perd pas un moment pour étendre son influence. Elle intervient en Suisse dans toutes les affaires de ses co-états, même sans être appelée ; mais elle ne souffre pas qu'ils lui rendent la pareille.

Sous le gouvernement savoysien, ce pays constituoit une province unique, régie par des états, de concert avec un bailli, dont les prérogatives étoient limitées par des *lois constitutionnelles*, tombées dès-lors en désuétude, par l'astuce des patriciens de Berne et de Fribourg. (Voyez l'*Essai sur la constitution du pays de Vaud*, et l'*Enumération des principaux griefs du peuple vaudois*).

En 155 , le duc de Savoye renonça solennellement à ses droits sur ce pays, par le *traité de Lausanne*, après avoir réservé *les privilèges des habitans*. Le 26 avril 1565, la France garantit ce traité, et par là même *les privilèges du peuple vaudois*.

C'est en vertu de cet engagement de garantie, corroboré tacitement en 1777 par le *traité de Soleure*, et le 20 août 1792 par un décret de la convention, et par suite de la cession que le roi de Sardaigne a faite à la république de ses droits, comme duc de Savoye, que le gouvernement français peut exiger de MM. de Berne et de Fribourg, 1°. la réunion de tous les districts *faisant jadis partie du pays de Vaud, de manière à former de nouveau une seule province*. 2°. la restitution des privilèges que les habitans ont perdus, et dont le plus important consistoit à être régis et protégés par une assemblée nationale, appelée *les états*. Cette assemblée des vrais délégués du peuple, *librement élus par toutes les communes*, examinera ensuite, si la violation notoire du pacte social par MM. de Berne et de Fribourg, pendant 260 ans, ne l'autorise pas, 1°. à proclamer

clamer son indépendance, 2°. à solliciter dans les formes la protection de la république française, 3°. à exiger des Bernois et des Fribourgeois un compte sévère de leur administration , et des indemnités pour avoir dilapidé les revenus du peuple , depuis l'année 1536 jusqu'à ce jour.

Le pays de Vaud , régénéré de la sorte , sous la légitime influence du garant de sa constitution , cesseroit ainsi d'être le repaire des ennemis de la république française , qui s'y réfugient de nouveau depuis le 18 fructidor , assurés qu'ils sont d'être bien accueillis par ses maîtres actuels (9).

Les communications directes entre les départemens du *Doubs*, du *Jura* et de l'*Ain* , d'une part , et celui du *Mont-blanc* , de l'autre , que les olygarques bernois et fribourgeois entravent aujourd'hui de tout leur pouvoir , seroient favorisées par des gouvernans redevables de leur existence à la république.

Le commerce recevroit en particulier une nouvelle

---

(9) Le patricien *Pillichody* , agent de *Wickam* et des contre-révolutionnaires , s'étoit même rendu à Paris pour les servir, avant le 18 fructidor ; tandis que les commandans du cordon bernois , *Arpaud* et consorts , secondoient les contre-révolutionnaires , depuis *Yverdun* jusqu'au lac de Genêve , avec une impudeur qui attestoit l'autorisation formelle de leur gouvernement (Voyez la brochure : *De la neutralité des gouvernans de la Suisse*).

impulsion , si le *nouveau gouvernement vaudois* faisoit exécuter le canal projeté depuis long-temps , pour joindre les lacs de Genève et de Neuchâtel , et faire communiquer le Rhône avec le Rhin , la Méditerranée avec l'Ocean , entreprise dont la seule inspection des carte[s] prouve l'importance. Les habitans des départemens environnans ne seroient pas seulement à portée de communiquer par eau avec ceux du Mont-blanc ; ils pourroient remonter par le Rhône jusqu'aux limites du Haut-Vallais , au pied de la chaîne alpine , qui forme la barrière de l'Italie ; et les obstacles qui entravent la navigation du Rhône , près de *la Cluse* , étant un jour vaincus , l'avenue de la Méditerranée seroit ouverte (10).

L'importance de soustraire le pays de Vaud à l'influence des olygarques bernois et fribourgeois étant bien sentie , on se persuadera également , qu'il convient à la France de lui procurer l'indépendance , en résistant avec force à la tentation d'incorporer son territoire , *opération que des ennemis seuls pourroient lui conseiller*. En effet ,

1°. Dans un moment où l'Europe entière a les yeux

---

(10) Le département du *Mont-terrible* , les vallées de l'*Erguel* et de *Motiers* , le pays de *Vaud* , et en particulier , *le Vallais* , fourniroient aux ports du midi beaucoup de bois de construction et de fort belles mâtures, dont on ne pourra tirer parti, aussi long-temps que la navigation du Rhône demeurera interrompue : or , les gens du métier assurent qu'il est possible de détruire les obstacles.

fixés sur la république française , à laquelle on se plaît
à prêter des projets d'aggrandissement , aux dépens de
tous ses voisins , une semblable incorporation leur four-
niroit l'exemple qu'ils désirent (11).

2°. L'indépendance de la Suisse entière , telle qu'elle
est aujourd'hui , importe non-seulement à l'Autriche ,
à l'Empire et à la France , mais encore à tout le reste
de l'Europe.

Il ne peut convenir, ni à la France , ni à l'Autriche,
de se rapprocher : ce seroit le signal de longues guerres ,
qui feroient , pendant plusieurs siècles , le malheur de
la Suisse , du Tyrol , et des départemens de l'Ain , du
Jura , du Doubs et du Mont-blanc.

La France et l'Autriche doivent donc également desi-
rer qu'un pays neutre sépare leurs possessions , et les
dispense d'entretenir des forteresses et des armées coû-
teuses. Mais il est essentiel que la neutralité de ce pays
soit bien assurée, et que gouvernans et gouvernés soient
intéressés à la maintenir au besoin , envers et contre
tous : or , la république française ne peut avoir cette
sécurité , tant que *le régime olygarchique* subsistera en
Suisse.

Les patriciens ayant tout à redouter de la propaga-

---

(11) Cette supposition , je le sais , est gratuite ; mais on
me pardonnera de l'avoir combattue comme une chimère.

tion des principes français, viennent de chercher un protecteur contr'eux, et ce protecteur ils l'ont trouvé dans la cour de Vienne, dont la politique est d'éloigner de ses provinces le contact des gouvernemens représentatifs, de dépouiller la république française de toute l'influence dont les rois de France avoient joui en Suisse depuis 250 ans, et de se procurer, pour les temps à venir, des alliés prêts à la seconder, dès qu'il y aura quelque espoir de *contrerévolutionner la France* (12).

Dans cet état des choses, tout invite la république française à ne pas attendre qu'il soit trop tard, pour prévenir la consolidation d'un système politique, qui, dirigé exclusivement contr'elle, lui prouve déjà ce qu'elle peut espérer pour la suite de patriciens ; qui osent la braver, au moment où ils ont tant besoin de son pardon, et lorsque son intérêt l'appèle à faire usage de ses droits, pour neutraliser leur malveillance, et rendre la liberté à leurs sujets.

3°. La chaîne du Mont − Jura forme une barrière tellement naturelle, qu'il faudroit des raisons bien fortes, pour engager à la franchir. Le pays de

---

(12) Les nouvelles *lettres de recréance*, qui viennent d'être adressées aux cantons suisses par l'empereur, les exhortent *fortement à conserver leurs dogmes, leurs lois, leurs constitutions.* Des copies en ont été répandues partout, afin de rassurer les amis de l'olygarchie. Celle-ci a résolu, en conséquence de ces lettres, d'envoyer un député au congrès de Rastadt, pour y obtenir la garantie de ses prérogatives.

Vaud étant soustrait une fois à l'influence bernoise et fribourgeoise, cesseroit d'être la place d'armes des conspirateurs, et ses nouveaux gouvernans sauroient garder les couloirs et les défilés par lesquels tant de conspirateurs se rendoient en France, pour y porter le trouble et l'anarchie.

4°. L'incorporation du pays de Vaud ne procureroit d'ailleurs à la république française aucun avantage assez grand, pour la déterminer à passer sur ce que cet acte auroit en soi d'injuste et d'immoral.

Comme protectrice et garante, elle jouiroit nécessairement de la plus grande influence dans cette nouvelle république, dont les citoyens pourroient, dans la suite, émettre librement leurs vœux pour une réunion, s'ils la jugeoient profitable. Aujourd'hui elle n'obtiendroit pas leur suffrage. Quoique la très-grande majorité des habitans soit sincèrement dévouée à la république française, elle a des préjugés auxquels elle ne renonceroit pas sans violence, et toute proposition tendante à une réunion, exciteroit, dans ces conjonctures surtout, les plus vives allarmes ; au lieu qu'une déclaration qui rassureroit contre un partage, et promettroit, de la manière la plus formelle, la réforme des abus, une constitution améliorée et l'indépendance, calmeroit à l'instant toutes les craintes, imposeroit silence aux créatures des patriciens et aux aristocrates subalternes, et réuniroit à-peu-près tous les suffrages , en procurant à la France la sureté qui lui importe.

Marche à suivre relativement au pays de Vaud.

1°. La république française peut , tant en sa qualité de *garante* , que comme ayant droit à une satisfaction de la part des olygarchies de Fribourg et de Berne , exiger *spontanément*, que les Etats du pays de Vaud soient convoqués , et délibèrent en toute liberté.

2°. La république pourroit aussi attendre d'être invitée à cette démarche , par les habitans mêmes du pays de Vaud , si les procédés révolutionnaires de l'inquisition d'Etat , n'avoient pas stupéfié les communes et les citoyens domiciliés en Suisse , au point de les rendre muets (13).

----

(13) La terreur d'une part , et l'influence des gouvernans sur les corporations et les petites aristocraties des villes, pourroient même procurer aux patriciens des adresses pareilles à celles qu'ils se firent présenter en 1790 et 1791. C'est ainsi du moins que l'olygarchie véhitienne en usa dans les derniers momens de son existence.

Il est douteux que , même la nouvelle du renvoi des députés bernois *Tillier* et *Moutache,* engage les habitans à hasarder quelques démarches ; ils savent que les patriciens comptent sur l'appui du cabinet autrichien , et ils attendent que la république parle pour lui répondre

Les seuls citoyens du pays de Vaud qui sont domiciliés hors de leur patrie, et ceux en particulier qui résident en France, sont appelés à réclamer l'intervention du gouvernement français, s'il admet que les circonstances les aient rendus momentanément, *les avocats nécessaires de leur pays.* Quant à ceux qui ont encore leur famille ou leur fortune en Suisse, la prudence leur interdit toutes démarches, aussi long-temps que la république française n'en aura pas appelé au peuple, son seul véritable allié. Ils espèrent seulement qu'elle ne sera pas plus timide que le cabinet autrichien, qui a pris l'avance auprès de leurs maîtres, parce qu'il lui convient de conserver l'olygarchie en Suisse.

3°. La pétition de ces derniers énumérera les griefs et les tentatives légales faites pour obtenir une réforme constitutionnelle. Les trahisons commises contre la France par les patriciens, y seront dénoncées avec force, puisqu'elles ont risqué d'attirer la guerre en Suisse, et le gouvernement français sera solennellement remercié, pour n'avoir pas rendu le peuple responsable des fautes de ses magistrats. Elle se terminera par ces deux demandes : *convocation des députés des communes pour former l'assemblée des États, garantie de la liberté des élections et des délibérations de l'assemblée.*

4°. Les projets relatifs au mode de convocation (14),

___

(14) La première partie de l'*essai sur la constitution du pays de Vaud*, renferme un de ces projets, qui, proposé lorsqu'on

le précis des réformes indispensables et des premières opérations à exécuter par l'assemblée , et le manifeste destiné à les faire connoître , seront mis sous les yeux du garant , pour être imprimés s'il les approuve.

5°. Le garant ne s'en tiendra pas à faire convoquer les États. Pour préserver les habitans du pays de Vaud , de la malveillance des ennemis de sa liberté , *il annoncera, d'entrée , son intention de réprimer quiconque oseroit troubler l'ordre public , s'attaquer aux propriétés , ou exercer des vengeances particulières ;* et des mesures également énergiques et promptes seront prises , pour convaincre les malveillans et les brouillons , que la ré-publique française ne rend pas la liberté aux peuples , pour qu'ils en abusent , mais pour les rendre heureux.

Si l'emploi de ces mesures entraîne des dépenses , elles seront à la charge de Berne et de Fribourg , en déduc-tion de ce que la trésorerie de chacune de ces républi-ques doit aux habitans du pays de Vaud , pour les re-venus énormes dont les patriciens ont joui depuis l'année 1736 ; et pour sûreté du remboursement , les propriétés particulières des patriciens situées dans le pays de Vaud , seront séquestrées pour êtres vendues , après un inter-valle équitablement fixé , jusqu'à la concurrence de la somme nécessaire (15).

---

avoit encore quelque espoir d'accommodement , n'est plus admissible aujourd'hui qu'on ne peut plus reconnoître les corporations du clergé et des vassaux.

(15) Cette assignation n'est point illusoire. *Berne* a un trésor

6°. Le garant devra envoyer dans le lieu d'assemblée des États, un agent chargé de faire respecter sa garantie. Cet agent, *qui ne pourra tenir à la Suisse, par aucun lien particulier*, obtiendra communication des travaux de l'assemblée, mais sans pouvoir y prendre séance : et si l'indépendance de ses délibérations, ou le maintien de l'ordre exigent des mesures énergiques, elles devront être combinées avec lui, conformément aux principes de toute garantie.

Pour être plus à portée d'être protégée, l'assemblée des États devroit être convoquée dans l'une des quatre communes de *Lausanne*, *Yverdun*, *Nyon* ou *Morges*.

Nul doute que les mesures ci-dessus n'atteignent le but qu'on se propose. Honteux de la découverte de leurs trames, les patriciens sont dans l'impossibilité absolue de résister et de se soustraire au châtiment qu'ils ont mérité. Ils se trouveront même trop heureux d'abandon-

---

considérable, déposé en partie dans les souterrains de l'hôtel-de-ville, et en partie dans le château d'Arbourg.

Elle possède près de 40,000 livres sterlings de rente dans les fonds anglais. Elle a prêté aux électeurs de Saxe et de Bavière, au duc de Virtemberg, aux princes françois, etc., sous différentes garanties. Elle a d'immenses magasins, arsenaux, parcs, etc., et de vastes domaines. Le tiers de ces divers objets est assurément la part légitime du pays de Vaud.

Fribourg est moins opulent.

ner les prérogatives de leur caste , moyennant le pardon
de leurs fautes et l'assurance de conserver les propriétés
particulières de leurs familles. C'est ainsi que les Grisons
ont é.é réduits à consentir à l'émancipation de leurs
ilotes de Chiavenna et de la Valteline , à laquelle ils
n'auroient jamais accédé , sans le voisinage de l'armée
d'Italie.

La république française peut émanciper avec la même
facilité les ilotes du pays de Vaud , en usant de ses
droits. Puisse-t-elle le vouloir , et prendre dans ce but
des mesures promptes et décisives , pour préserver le
peuple honnête auquel elle doit son assistance , des vio-
lences auxquelles l'exaspération des esprits donne lieu
dans ces momens de crise , et de l'insubordination qui
occupe l'intermédiaire d'un ancien et d'un nouveau régime , deux fléaux qu'elle peut éloigner du berceau de la
république vaudoise (16) !

---

(16) Il seroit peut-être très-convenable , en dirigeant les
choix sur des patriotes , d'éloigner de l'assemblée , dans ce
premier instant , ceux qui ayant été proscrits , ou ayant tra-
vaillé à accélérer la régénération actuelle , porteroient avec
eux leurs passions , et cette ténacité qui est volontiers le partage des hommes, dont les spéculations ont été long-
temps vers les mêmes objets.

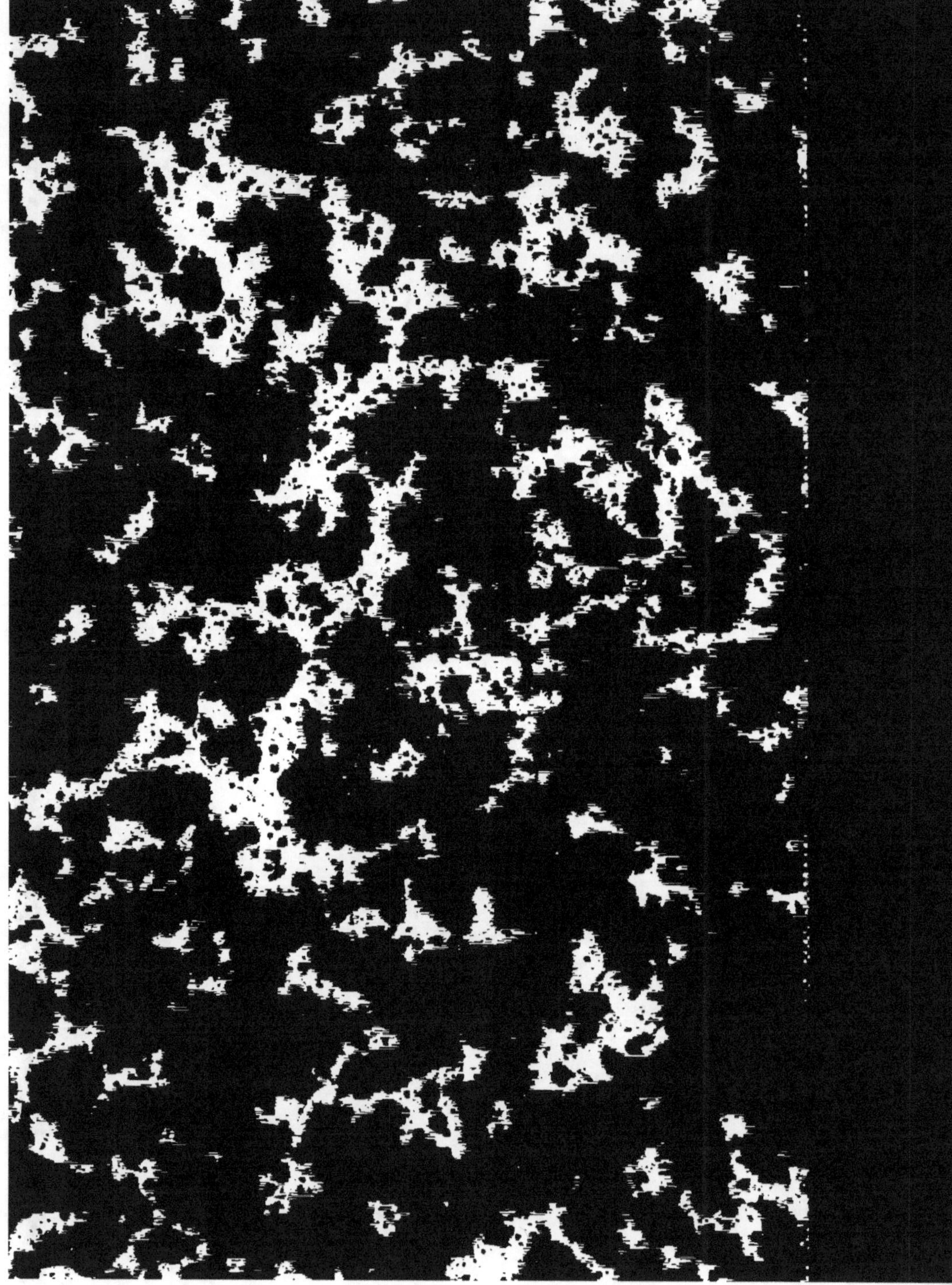